GUÍA DE LECTURA

Escrita por Nathalie Roland
Traducida por Laura Soler Pinson

AF131407

El nombre de la rosa
de Umberto Eco

Algunas preguntas para profundizar en su reflexión...

PARA IR MÁS ALLÁ

UMBERTO ECO

NOVELISTA Y ENSAYISTA ITALIANO

- **Nacido en 1932 en Alessandria (Italia)**
- **Fallecido en 2016 en Milán**
- **Algunas de sus obras:**
  - *El nombre de la rosa* (1980), novela
  - *El péndulo de Foucault* (1988), novela
  - *La isla del día de antes* (1994), novela

Umberto Eco (1932-2016), de origen italiano, escribió una gran cantidad de novelas y ensayos. Se forma como lingüista, y se interesa principalmente por la semiótica (estudio de los signos y sus significados), por la filosofía y por la literatura.

En sus novelas, como *El nombre de la rosa* (1980) o *El péndulo de Foucault* (1988), se mezclan intrigas policíacas y referencias literarias e históricas. Este autor mundialmente reconocido también ha publicado obras más filosóficas, como *La historia de la belleza* (2004) y *La historia de la fealdad* (2007), en las que analiza esculturas, pinturas y obras literarias que abarcan desde la Antigüedad hasta nuestros días para mostrarnos la evolución del concepto de belleza y de fealdad.

EL NOMBRE DE LA ROSA

UNA INTRIGA POLICÍACA EN UN MARCO MEDIEVAL

- **Género**: novela
- **Edición de referencia:** Eco, Umberto. 1982. *El nombre de la rosa*. Traducido por Ricardo Pochtar. Barcelona: Lumen. E-book en PDF.
- **Primera edición:** 1980
- **Temáticas:** asesinato, investigación, laberinto, biblioteca, historia de la Edad Media, religión, veneno

Publicada en 1980, *El nombre de la rosa* es la primera novela de Eco. A principios del siglo XIV, Guillermo de Baskerville, acompañado por Adso de Melk, viaja a Italia en un momento en el que la Iglesia está dividida en diferentes bandos. Cuando los dos personajes se encuentran haciendo una etapa en una abadía, se cometen varios asesinatos que perturban la paz de la comunidad. Guillermo y Adso intentan resolver estos crímenes y los numerosos misterios que rodean la biblioteca de la abadía.

La novela sigue el ritmo de vida de los religiosos. Se divide en días, y estos a su vez se subdividen en horas de oraciones: maitines (por la noche, entre las 2:30 y las 3:00), laudes (hacia las 5:00), prima (a las 7:30), tercia (hacia las 9:00), sexta (mediodía), nona (sobre las 14:00), vísperas (hacia las 16:30) y completas (a las 18:00).

RESUMEN

Umberto Eco afirma que escribió *El nombre de la rosa* basándose en un manuscrito que recoge las memorias de Adso de Melk, un joven benedictino (orden religiosa que otorga una gran importancia al trabajo manual e intelectual, sobre todo, a la copia de manuscritos). Adso es enviado a Italia y se convierte en el secretario de Guillermo de Baskerville, un monje franciscano (orden religiosa que cumple el voto de pobreza). Adso y Guillermo van a vivir juntos unos acontecimientos particulares en una abadía del norte de Italia a finales del año 1327.

UNA EXTRAÑA MUERTE

Guillermo y Adso llegan a una rica abadía benedictina que se sitúa en una montaña. Le explican el motivo de su presencia al abad que les acoge: Guillermo tiene la tarea de consultar a los diferentes superiores benedictinos para saber quiénes apoyan al emperador. El abad sospecha que Remigio ha formado parte de sectas heréticas (condenadas por la Iglesia, puesto que son contrarias a la fe) contra las que se muestra virulento («Matadlos a todos; Dios reconocerá a los suyos», Eco 1982, 125). Por otra parte, el abad les pide que resuelvan la muerte de Adelmo: este último ha caído desde una de las torres de la biblioteca en mitad de la noche durante una tormenta. Podría tratarse de un suicidio o de un asesinato. El abad le da a Guillermo carta blanca para que investigue: puede interrogar a los otros monjes e investigar por toda la abadía, salvo la biblioteca, que es, por otro lado, el lugar del crimen. Guillermo se da cuenta rápidamente de que ese sitio encierra la clave de los acontecimientos. La biblioteca está reservada a los iniciados y «se defiende sola» (Eco 1982, 32). De hecho, según los rumores, está protegida con magia. Y, sin embargo, a pesar de que la entrada está prohibida, a menudo hay luz allí por la noche.

EL INICIO DE LA INVESTIGACIÓN

Guillermo y Adso empiezan sus investigaciones y se reúnen primero con Ubertino, con quien hablan acerca de las tensiones que se producen en la orden benedictina a causa de las ramas extremistas. A continuación, interrogan a Severino, el herborista, para saber si Adelmo pudo haber tenido alucinaciones tras haber ingerido hierbas, lo que podría haber motivado su caída.

Después se dirigen al scriptorium, donde los monjes copian los manuscritos, y son acogidos por Malaquías, el bibliotecario. Guillermo recopila información sobre las ilustraciones que Adelmo hace. Algunos comentarios desencadenan una risa general, criticada de inmediato por Jorge, un viejo monje ciego, y estalla una discusión acerca de la risa. Los dos investigadores van a continuación a la herrería, donde hacen preguntas a Nicola, el maestro vidriero.

UN NUEVO ASESINATO

Al día siguiente, a la hora de la primera oración, unos sirvientes atemorizados entran en la iglesia: han encontrado el cadáver de Venancio en una tinaja que contiene sangre de cerdo. Los dos investigadores se enteran de que Adelmo y

Venancio habían pedido algo a Berengario, el ayudante del bibliotecario, y se reúnen con Alinardo, quien les dice que se puede entrar en la biblioteca a través del osario. Guillermo observa la estructura exterior de la biblioteca y llega a deducir la disposición en el interior.

Más tarde, el monje Bencio revela a Guillermo y a Adso un secreto: Berengario estaba enamorado de Adelmo, y este último estaba dispuesto a todo para obtener un libro que buscaba desde hacía años. Entonces, durante la noche, los dos investigadores entran en el scriptorium: Guillermo observa que en la mesa de Venancio hay un pergamino interesante con un mensaje codificado. Un visitante misterioso (Berengario) los interrumpe, y roba dos libros y las gafas de Guillermo. Después, acceden a la biblioteca, un auténtico laberinto. Encima de la entrada de cada habitación está escrito un versículo del Apocalipsis. Comprenden que la disposición del lugar corresponde a un reparto geográfico (Inglaterra, España, África, etc.), pero no consiguen entrar en la habitación secreta llamada *Finis Africae*.

UN VENENO MORTAL

Por la mañana, se enteran de que Berengario ha desaparecido y, poco después, encuentran su cuerpo en los baños. Guillermo y Severino examinan el cuerpo: la yema de los dedos de su mano derecha está marrón, al igual que pasaba en el otro cadáver. Severino conoce el veneno que provoca el fenómeno: precisamente, desapareció de su laboratorio tras una tormenta.

Adso se reúne con Salvatore y lo interroga acerca de un

herético, fray Dulcino. Guillermo aprovecha para explicar a Adso que los heréticos, como todo el mundo, tienen virtudes y defectos. El papa los condena porque representan un riesgo político para él. Sin embargo, todavía intrigado por el tema de la herejía, Adso le pide a Ubertino que le cuente acerca de fray Dulcino: este último ha criticado a la Iglesia y ha generado una revuelta popular que ha sido reprimida de manera violenta. Guillermo y Adso interrogan a Remigio, un antiguo discípulo de Dulcino.

LOS SECRETOS DE UN LIBRO

En las cocinas, una joven seduce a Adso: pasan la noche juntos. Guillermo se reúne con su compañero, que le cuenta los acontecimientos de la noche. Guillermo lo abronca, pero se muestra indulgente, puesto que se trataba de una joven campesina que se prostituye para alimentar a su familia. Hablan sobre la evolución de la investigación y se dan cuenta de que los asesinatos corresponden a lo que se narra en los extractos del Apocalipsis. Además, Guillermo ha descifrado por completo el mensaje codificado de Venancio y comprende que el asesino intenta esconder los secretos de un libro.

Una delegación de franciscanos visita la abadía. Estos religiosos consideran que el papa Juan XXII no respeta su papel, puesto que acumula riquezas e instaura impuestos sobre los pecados. Más tarde, llega una delegación de Aviñón, con el dominicano Bernardo Gui. Estos dos grupos se reúnen y debaten acerca de la pobreza de Cristo, de su estatus y de la actitud de las órdenes religiosas hacia los heréticos.

Bernardo Gui arresta a Salvatore y a una mujer acusada de ser una bruja.

LOS MISTERIOS DE LA BIBLIOTECA

Por su parte, Severino comprende que Berengario fue al hospital antes de ir a los baños, porque descubre en su laboratorio el libro que el ayudante del bibliotecario había robado en el scriptorium. Encuentran el cuerpo del herborista en el laboratorio y la obra ha desaparecido de nuevo. Remigio es sospechoso de asesinato, y es arrestado. Es Bernardo Gui quien lleva su proceso: lo interroga brutalmente, convencido de su culpabilidad. Por su parte, Guillermo sospecha que Bencio es el ladrón, puesto que está dispuesto a todo para conocer los secretos que encierran los libros y la biblioteca. Pero este último acaba de ser nombrado ayudante del bibliotecario: como persona cercana a la biblioteca, ya no puede desvelar nada sobre los manuscritos. Nicola revela a Guillermo y a Adso uno de sus descubrimientos: siempre ha habido mucha polémica en las nominaciones de los bibliotecarios. Al volver al scriptorium, Guillermo piensa que la rivalidad por este puesto es la causa de los asesinatos. Pone en sobre aviso al abad por el peligro que corre, puesto que este último conoce los secretos de la biblioteca.

Al día siguiente, durante la oración de la mañana, Malaquías llega tambaleándose y se desploma en la iglesia. Guillermo observa que tiene la lengua negra, señal de que lo han envenenado, y constata que todas las víctimas sabían griego.

LA CLAVE DEL ENIGMA

Por la noche, Guillermo y Adso van a la biblioteca, y se dan cuenta de que alguien está allí encerrado. Por fin logran penetrar en la habitación secreta y encuentran a Jorge. Este ha envenenado un libro que recoge obras (entre ellas, un texto de Aristóteles, filósofo griego, 384-322 a. C.) que otorgan importancia a la risa divina, para que nadie pueda revelar esta información. En resumen, todas las víctimas mueren por haberse acercado demasiado a este libro, salvo Adelmo, que se suicida cuando descubre su contenido, antes de que Jorge envenene el manuscrito y mate así a todos los que lo hojean (Venancio, Berengario y Malaquías). En cuanto a Severino, es asesinado por Malaquías quien, enamorado de Berengario, cree que este último le ha engañado con Adelmo y Severino.

Tras haberlo contado todo, Jorge se suicida tragándose las páginas envenenadas del libro. Guillermo y Adso intentan recuperar la obra, pero una linterna le prende fuego a la biblioteca y a la abadía entera.

Guillermo y Adso retoman su camino y se separan un poco más tarde. Años después, Adso vuelve a la abadía y recopila las hojas que quedaron intactas.

ESTUDIO DE LOS PERSONAJES

LOS PERSONAJES EXTERNOS A LA ABADÍA

Adso de Melk

Es el narrador: cuando llega al final de su vida, cuenta su historia.

Es un joven benedictino de origen austríaco que va a Italia como secretario de Guillermo de Baskerville. Aunque es ingenuo e ignorante (Eco 1982, 11), intenta entender los problemas que agitan su época. Guillermo le sirve como figura de referencia y forma su espíritu lógico. El personaje de Adso sirve de pretexto: cuando Guillermo le explica algo, en realidad se está dirigiendo al lector.

Guillermo de Baskerville

Este sabio monje franciscano es un personaje omnipresente al que se describe como grande y muy delgado, con una mirada aguda y penetrante y una nariz aguileña (Eco 1982, 12). Es curioso, se interesa por las plantas, por los tesoros, por los inventos científicos (sobre todo, por los instrumentos para observar el cielo) y por los libros. Ha construido su pensamiento en base a las teorías de los filósofos Francis Bacon (hombre de Estado y filósofo inglés, 1561-1626) y Guillermo de Ockham (teólogo y filósofo inglés, 1285-1349).

Su nombre nos lleva directamente hasta la famosa investigación en *El perro de Baskerville*, de Sherlock Holmes, el héroe de Conan Doyle (escritor inglés, 1859-1930). Comparte con él un parecido físico (Eco 1982, 12), un gusto por alguna «sustancia vegetal» (Eco 1982, 13) y un método de investigación particular: recopilar indicios y aislarse para pensar en una solución coherente. Su nombre nos recuerda, a su vez, el de su maestro y amigo, Guillermo de Ockham, fundador de la lógica moderna.

Ha sido inquisidor (juez encargado por la Iglesia católica de Roma de llevar a cabo procesos contra los heréticos) en Francia y en Inglaterra, pero pidió que se le liberase de esa función. Es tolerante, así que entiende que hay virtudes y defectos en ambos bandos.

Bernardo Gui o Guidoni

Este personaje ha existido realmente. Es un monje dominicano e inquisidor que se encarga de volver a poner orden en el monasterio. Es hipócrita, irónico y severo (Eco 1982, 300): dirige el proceso contra Remigio y no duda en fabricar pruebas para acusar al sospechoso, al que considera ya culpable. Es un personaje inquietante, y le gusta inspirar miedo y demostrar su poder.

LOS PERSONAJES QUE PERTENECEN A LA ABADÍA

El abad Abbone

Este monje dirige la abadía franciscana y pide a Guillermo que resuelva la muerte de Adelmo. Está orgulloso de los bienes que su dominio ha adquirido, y se muestra crítico hacia los heréticos, a los que, según él, hay que erradicar.

Superado por los acontecimientos que se desarrollan en su abadía, se preocupa por la reputación de esta (Eco 1982, 362) e intenta mantener la calma.

Jorge de Burgos

Este monje anciano es ciego, y respeta mucho las reglas: ni las risas, ni las chácharas tienen su sitio en la abadía, de la que solo él conoce todos los secretos. Prefiere devorar la teoría sobre la risa de Aristóteles antes que revelarla. Es orgulloso, y se considera defensor de la verdad, por lo que elimina a todos los que se oponen a su parecer.

Salvatore

Está muy enfermo, lo que lleva a este monje a hablar un lenguaje construido a partir de las lenguas que conoce. Tras haber vivido una masacre, se convierte en un personaje errante y simula estar enfermo o ser pobre para dar pena a la gente antes de entrar en la orden. Es arrestado por Bernardo Gui por haber recurrido a la magia y haber hablado con una bruja. En algunos aspectos, se parece a un animal (Eco 1982, 54 y 126).

Ubertino da Casale

Este personaje ha existido realmente. Es un viejo «hombre extraño» (Eco 1982, 55) y forma parte de un movimiento de reforma de la orden dominicana que quiere acercarse a los preceptos de Cristo, en particular, viviendo en la pobreza. Conoce en profundidad los movimientos heréticos, pero se muestra radical en este tema.

Remigio da Varagine

De corpulencia fuerte, es el cillerero: está a cargo de la intendencia y de la comida. En el pasado, era seguidor de Dulcino y de los heréticos. Entra en la orden sin una convicción firme y no respeta el principio de castidad. Es sospechoso de haber asesinado a Severino.

Bencio de Upsala

Para Guillermo, este monje es víctima de «la lujuria del saber» (Eco 1982, 321): lo daría todo por conocer los secretos de la biblioteca. Después de haber robado el libro que se encontraba con Severino, es nombrado ayudante del bibliotecario cuando Berengario muere. Se convierte en uno de los guardianes de la biblioteca, por lo que ya no puede revelar nada acerca de los manuscritos.

LAS VÍCTIMAS

Adelmo de Otranto

Este joven monje, encargado de las iluminaciones (ilustraciones de los manuscritos), es el primer muerto: se cae desde la torre de la biblioteca durante una tormenta de nieve en plena noche. Hay pocos elementos que demuestren que se trata de un suicidio.

Venancio de Salvemec

La segunda víctima es el monje especialista de la lengua griega. La víspera de su muerte, había discutido con Jorge acerca de la risa. Encuentran su cuerpo en un recipiente que contiene sangre de cerdo. Ha sido asesinado porque había entendido una discusión entre Adelmo y Berengario y porque ha tenido el libro en las manos.

Berengario

El ayudante del bibliotecario es la tercera víctima. Le dan convulsiones, por lo que toma baños calientes para calmarlas. En este lugar se lo encuentran muerto durante la noche del tercer día. Ha sido asesinado porque ha robado el libro, lo que impide, por una parte, que Guillermo entienda por qué su contenido había empujado a Adelmo al suicidio y, por otra, que resuelva con más rapidez el misterio.

Severino da Sant'Emmerano

Como herborista, se ocupa de los baños, del hospital y de las huertas. Conoce también muy bien los venenos y ayuda a Guillermo a examinar los cuerpos de las víctimas. Encuentra el libro que Berengario ha robado, pero Malaquías lo asesina al quinto día. Es el único, junto con Guillermo, que ha comprendido el secreto mortal de la obra.

Malaquías de Hildesheim

Este monje se ocupa de la biblioteca y vela celosamente por los secretos que encierra. Está enamorado de Berengario y, al pensar que este lo ha traicionado, le entrega a Bernardo Gui las cartas de su ayudante del bibliotecario que hablan sobre los heréticos. Cuando Bencio le trae el libro que ha sido robado, este muere envenenado por su curiosidad.

CLAVES DE LECTURA

EL SIGLO XIV, UNA ÉPOCA TURBULENTA

La historia se desarrolla a principios del siglo XIV. En esta época, Europa y la cristiandad están en crisis: los reyes y los emperadores deben su poder al papa, pero quieren ser independientes políticamente. Tras una disputa entre el rey de Francia, Felipe el Hermoso, y el papa Bonifacio VIII, Europa entera se divide. El rey de Francia proclama entonces a un nuevo papa, Clemente V, que se instala en Aviñón, mientras que el otro se queda en Roma. Los dos pontífices buscan entonces el apoyo de los poderosos y de las órdenes religiosas con el que se aseguren una cierta legitimidad. Además, las opiniones son divergentes y las corrientes se multiplican, por lo que se genera una gran cantidad de disputas (acerca de la pobreza de Cristo, etc.). La Iglesia católica de Roma reacciona con fuerza e instaura la Inquisición, con la que juzga y condena a todos aquellos que se oponen a ella de una u otra manera.

ALGUNAS CARACTERÍSTICAS NARRATIVAS DE LA OBRA

- El narrador, Adso, es omnisciente con respecto a los asesinatos y a los móviles: cuenta los hechos mucho tiempo después de que se hayan producido, por lo que escoge deliberadamente lo que dice o esconde al lector.
- Hay una unidad de lugar: la acción se desarrolla únicamente en un solo lugar, la abadía. Además, se trata de un universo cerrado (los monjes están completamente

aislados del mundo), y Guillermo compara esto a un *speculum mundi* (Eco 1982, 98), es decir, a un espejo del mundo, y a un «verdadero microcosmos» (Eco 1982, 157), un universo en miniatura. Los únicos vínculos con el exterior son los sirvientes y las personas que se ocupan de los animales. Incluso la arquitectura de la abadía refuerza la impresión de ambiente hermético, puesto que el edificio está conformado por un recinto y por un patio cerrado. Aprovechamos para señalar que aun cuando la biblioteca es «la biblioteca más grande de la cristiandad»[1] y abre las puertas de un horizonte muy vasto, el del conocimiento, lo cierto es que es un lugar cerrado, solo accesible para los iniciados.

- La acción también está circunscrita en el tiempo: los personajes existen antes y después de la novela, pero todo el enigma se resuelve en siete días; el último día, la abadía es destruida y, poco después, los protagonistas emprenden cada uno su camino. La intriga sigue una cierta regularidad (las horas de oraciones ofrecen un marco definido que divide cada jornada de la misma manera), que, sin embargo, se ve perturbada por los asesinatos.

- Para acabar, debemos señalar que Umberto Eco utiliza el procedimiento de relato enmarcado: la novela es la copia de otro texto. El autor escribe su libro basándose en una traducción del abad Vallet, quien se inspira a su vez de un manuscrito traducido por J. Mabillon, que leyó las memorias de Adso.

---

1. Cita traducida por ResumenExpress.com

UNA NOVELA HÍBRIDA

Esta novela se sitúa en la encrucijada de varios géneros:

- se trata principalmente de una novela policíaca que se centra en la investigación que llevan a cabo Guillermo y Adso para resolver unos asesinatos;
- comparte varias características con la novela histórica: pone en escena personajes que han existido de verdad (Bernardo Gui y Ubertino da Casale) y acontecimientos reales (las herejías, la Inquisición, etc.);
- en algunos aspectos, se asemeja a un ensayo filosófico: cuando se producen los debates sobre la risa o las digresiones sobre la lógica de Roger Bacon y de Guillermo de Ockham, los personajes presentan diversos argumentos que empujan al lector a hacerse preguntas;
- por último, la obra se parece a un trabajo erudito: recopila todo aquello que conforma la base del saber de la Edad Media, es decir, los autores, los libros y los inventos.

REFERENCIAS LITERARIAS Y REFERENCIAS CIENTÍFICAS

Como acabamos de mencionar, la novela recoge el saber tal y como era en la Edad Media:

- la Biblia y los textos sagrados ocupan un lugar esencial: en la primera frase del prólogo aparece un extracto del Génesis y en la entrada de cada sala de la biblioteca se encuentran versículos del Apocalipsis.
- también se mencionan algunos textos y personajes de

la Antigüedad. Sobre todo se nombra a Aristóteles, cuya obra es la clave de los asesinatos. Encontramos igualmente alusiones a personajes célebres, como Lisímaco (rey de Tracia, 360-280 a. C., Eco 1982, 229);

- aparecen también los autores cristianos: la arquitectura de la abadía se compara a la de la *Ciudad de Dios*, libro de San Agustín (doctor de la Iglesia latina, 354-430);
- se cita asimismo a los autores del siglo XIV, como lo demuestran las referencias a Santo Tomás de Aquino (teólogo italiano, 1225-1274) en las controversias. Además, la lógica y el método científico de Guillermo se basan en las teorías de Roger Bacon y de Guillermo de Ockham. También se cita a los autores musulmanes, puesto que Guillermo y Severino citan a algunos cuando hablan de libros de botánica;
- por último, encontramos referencias a los inventos recientes de la época, como las gafas o la brújula.

EL TEMA DEL LABERINTO

En esta novela, Umberto Eco despista al lector presentándole varios tipos de laberinto:

- la biblioteca: desde un punto de vista espacial, la disposición de las salas y de los libros está hecha para perturbar al visitante, y desde un punto de vista espiritual, este lugar contiene obras «capaces de iluminar [los] estudios» (Eco 1982, 29) y otras que «contienen mentiras» (Eco 1982, 31). Así, hay que poder distinguir los buenos manuscritos y los malos;
- el mundo: Guillermo le explica a Adso que el hombre

no puede comprender la lógica de un mundo creado por Dios y que solo los signos le permiten orientarse (Eco 1982, 394);

- el contexto histórico del siglo XIV: los cristianos se escinden y las nuevas corrientes de pensamiento siembran el desorden en su doctrina. Se vuelve difícil determinar quién tiene razón y quién no en este laberinto de ideas que se da durante este siglo;

- el relato obliga al lector a seguir varias pistas al mismo tiempo (¿Quién es el asesino? ¿Dónde está el libro? ¿Cuáles son los secretos de la biblioteca?) y, además, incluye digresiones (sobre el amor, la herejía, etc.);

- la obra: propone diferentes niveles de lectura, puesto que el lector puede interesarse por la investigación policíaca, por las referencias al saber del siglo XIV o por las controversias religiosas (la pobreza de Cristo, la risa, la herejía, etc.). Además, la intriga se construye como un relato enmarcado, dado que la obra se basa en una sucesión de manuscritos que, milagrosamente, han llegado a manos del autor.

PISTAS PARA LA REFLEXIÓN

ALGUNAS PREGUNTAS PARA PROFUNDIZAR EN SU REFLEXIÓN...

- En la novela, se origina un debate acerca de la cuestión de la pobreza de Cristo. ¿Por qué tiene lugar esta controversia? ¿Cuáles son los bandos que se oponen? ¿Qué argumentos presentan los distintos protagonistas de la controversia?
- En relación al tema de la risa y su origen, los monjes acaban enfrentados en varias ocasiones. ¿Qué tesis y qué argumentos ofrece cada bando? ¿Cuál es el papel de estas disputas en el relato?
- «No todas las verdades son para todos los oídos» (Eco 1982, 31). ¿A qué hace alusión esta cita? Según los distintos personajes, ¿debe censurarse el saber? ¿Cuál es su opinión al respecto?
- *El nombre de la rosa* es una novela que pertenece a varios géneros. ¿A cuáles? Justifique su respuesta.
- En la novela, Guillermo declara: «Los libros suelen hablar de otros libros» (Eco 1982, 232). Comente esta frase con respecto a la novela.
- «Bacon tenía razón cuando decía que la conquista del saber pasa por el conocimiento de las lenguas» (Eco 1982, 135). Explique por qué el lenguaje desempeña un papel principal a lo largo de todo el caso.
- En la novela, Umberto Eco otorga a los números significados particulares. Por ejemplo, el relato se desarrolla en siete días, al igual que la Creación. Busque otros ejemplos de cifras simbólicas en *El nombre de la rosa* y explíquelos.

- ¿Cuál es el punto de vista de los diferentes personajes acerca de la herejía? ¿Umberto Eco busca mantener una neutralidad o pretende, por el contrario, influir al lector?
- Tras una conversación con Ubertino, Guillermo declara: «El infierno es el paraíso visto desde la otra parte» (Eco 1982, 55). ¿Qué significa esta frase en el contexto de la novela?
- A lo largo de todo el relato, Umberto Eco elabora múltiples enumeraciones. Identifique algunos ejemplos de esto. ¿Para qué sirven? ¿Qué efecto busca el autor?
- ¿Qué se consigue con la división de la novela en días y en horas de oración?

¡Su opinión nos interesa!
¡Deje un comentario en la página web de su librería en línea,
y comparta sus favoritos en las redes sociales!

PARA IR MÁS ALLÁ

EDICIÓN DE REFERENCIA

- Eco, Umberto. 1982. *El nombre de la rosa*. Traducido por Ricardo Pochtar. Barcelona: Lumen. E-book en PDF.

ESTUDIO DE REFERENCIA

- Verhulst, Gilliane. 2000. *Étude sur Umberto Eco, Le nom de la rose*. París: Ellipses, colección *Résonances*.

ADAPTACIÓN

- *El nombre de la rosa*. Dirigida por Jean-Jacques Annaud, con Sean Connery y Murray Abraham. Italia, Francia y Alemania Occidental: Neue Constantin Film, Zweites Deutsches Fernsehen, Cristaldifilm, Radiotelevisione Italiana, Les Films Ariane, France 3 Cinéma, 1986.